LES ANIMAUX LES PLUS MEURTRIERS

LES ABEILLES TUEUSES

Un livre de la collection
Les branches de Crabtree

Amy Culliford

CRABTREE
Publishing Company
www.crabtreebooks.com

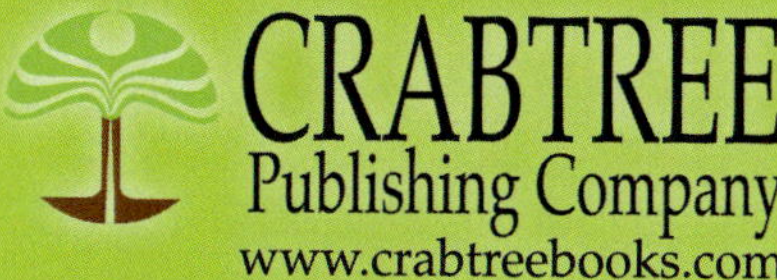

Soutien de l'école à la maison pour les parents, les gardiens et les enseignants

Ce livre très intéressant est conçu pour motiver les élèves en difficulté d'apprentissage grâce à des sujets captivants, tout en améliorant leur fluidité, leur vocabulaire et leur intérêt pour la lecture. Voici quelques questions et activités pour aider le lecteur ou la lectrice à développer ses capacités de compréhension.

Avant la lecture

- *De quoi ce livre parle-t-il?*
- *Qu'est-ce que je sais sur ce sujet?*
- *Qu'est-ce que je veux apprendre sur ce sujet?*
- *Pourquoi je lis ce livre?*

Pendant la lecture

- *Je me demande pourquoi...*
- *Je suis curieux de savoir...*
- *En quoi est-ce semblable à quelque chose que je sais déjà?*
- *Qu'est-ce que j'ai appris jusqu'à présent?*

Après la lecture

- *Qu'est-ce que l'autrice veut m'apprendre?*
- *Nomme quelques détails.*
- *Comment les photographies et les légendes m'aident-elles à mieux comprendre?*
- *Lis le livre à nouveau et cherche les mots de vocabulaire.*
- *Ai-je d'autres questions?*

Activités complémentaires

- *Quelle est ta section préférée de ce livre? Rédige un paragraphe à ce sujet.*
- *Fais un dessin représentant l'information que tu as préférée dans ce livre.*

TABLE DES MATIÈRES

L'ABEILLE TUEUSE

Il existe près de 20 000 **espèces** d'abeilles dans le monde entier. La plus familière est l'abeille domestique. Les abeilles domestiques produisent un petit régal collant, doré et sucré que les humains apprécient depuis des milliers d'années.

Dans les années 1950, les scientifiques ont commencé à **croiser** différentes abeilles domestiques. Leur objectif était de créer une productrice de miel plus efficace. Ils y sont arrivés, mais ils ont également créé un **hybride** dangereux. L'abeille tueuse était née!

Pourquoi les appelle-t-on « abeilles tueuses »? Ces abeilles hybrides sont plus **défensives** que les autres abeilles domestiques. Si on les dérange, ces abeilles très agressives sortent en **essaim**, poursuivent et parfois tuent l'intrus.

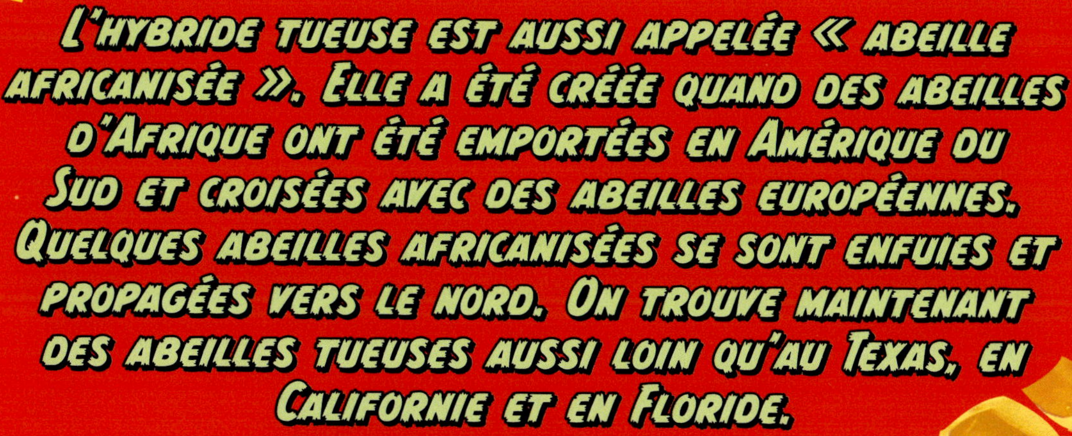

L'hybride tueuse est aussi appelée « abeille africanisée ». Elle a été créée quand des abeilles d'Afrique ont été emportées en Amérique du Sud et croisées avec des abeilles européennes. Quelques abeilles africanisées se sont enfuies et propagées vers le nord. On trouve maintenant des abeilles tueuses aussi loin qu'au Texas, en Californie et en Floride.

Une abeille africanisée (à gauche) et une abeille européenne. Elles se ressemblent, mais la couleur des abeilles peut varier. La seule façon de les distinguer est souvent dans un laboratoire.

UN PHYSIQUE DE TUEUR?

Les abeilles tueuses ressemblent aux autres abeilles domestiques. Leur corps velu est jaune doré avec des rayures brunes. Et comme tous les insectes, le corps des abeilles tueuses comprend trois segments.

LES ABEILLES TUEUSES SONT PLUS PETITES QUE LA PLUPART DES AUTRES ABEILLES DOMESTIQUES. LES ABEILLES TUEUSES TRANSPORTENT DONC MOINS DE VENIN.

Le premier segment est la tête, qui est dotée d'une paire d'antennes. Le deuxième segment est le thorax, où sont fixées deux paires d'ailes et trois paires de pattes. Le troisième segment est l'abdomen, où l'on retrouve le dard.

LA COLONIE

Les abeilles tueuses vivent en **colonies.** Dans chaque colonie, il y a une reine, des ouvrières et des faux bourdons. La colonie servira et protégera sa reine jusqu'à la mort. Une colonie construit sa propre maison, ou nid. Les arbres creux et les recoins rocheux sont de bons endroits pour un nid. Mais fais attention! Les abeilles tueuses peuvent aussi bâtir leur nid dans un vieux pneu, derrière le revêtement d'une maison ou dans une carcasse de voiture.

nid d’abeilles tueuses

Les nids situés près d’endroits où des humains sont actifs peuvent être très dangereux. Les abeilles tueuses n’aiment pas être dérangées.

LES MAISONS CONSTRUITES PAR LES ABEILLES SONT APPELÉES DES NIDS. LES MAISONS CONSTRUITES PAR LES HUMAINS POUR LES ABEILLES SONT APPELÉES DES RUCHES.

LES FAUX BOURDONS

Les faux bourdons sont des abeilles mâles. On peut facilement les reconnaître, car leurs yeux sont plus grands que ceux de leurs camarades. Les faux bourdons n'ont pas de dard. Leur seul travail est de s'accoupler avec la reine.

La durée de vie d'une abeille tueuse n'est pas longue. Les faux bourdons ne vivent qu'un ou deux mois. Les ouvrières vivent seulement un mois, alors que la reine peut vivre environ trois ans.

LES OUVRIÈRES

Toutes les abeilles ouvrières sont des femelles. Elles exécutent les travaux les plus difficiles de la colonie. Elles consacrent leur courte vie au service dévoué de la reine. Les ouvrières apportent de l'eau et cherchent de la nourriture.

Elles nourrissent la reine et les faux bourdons, gardent la colonie et sortent même les poubelles en retirant les déchets du nid. Les ouvrières **régulent** aussi la température du nid. Elles battent des ailes pour déplacer l'air quand il fait chaud et utilisent la chaleur de leur corps pour réchauffer le nid quand il fait froid.

LA REINE

La reine est l'abeille la plus importante de la colonie. Elle est la seule abeille qui peut se reproduire. Elle peut pondre 1 500 œufs par jour pendant environ trois ans. Les œufs éclosent et deviennent des **larves** après trois jours.

Les **apiculteurs** identifient habituellement la reine au moyen d'une goutte de peinture.

larves d’abeilles

œufs d’abeilles

Quand la reine devient trop vieille ou meurt, les ouvrières choisissent des larves qui pourraient devenir une reine. Les ouvrières nourrissent ces larves de gelée royale–fabriquée par les abeilles ouvrières. La gelée aide les larves à devenir des reines. Parmi ces reines, une reine dominante se démarquera. Elle piquera et tuera toutes ses concurrentes. Il ne peut y avoir qu’une seule reine!

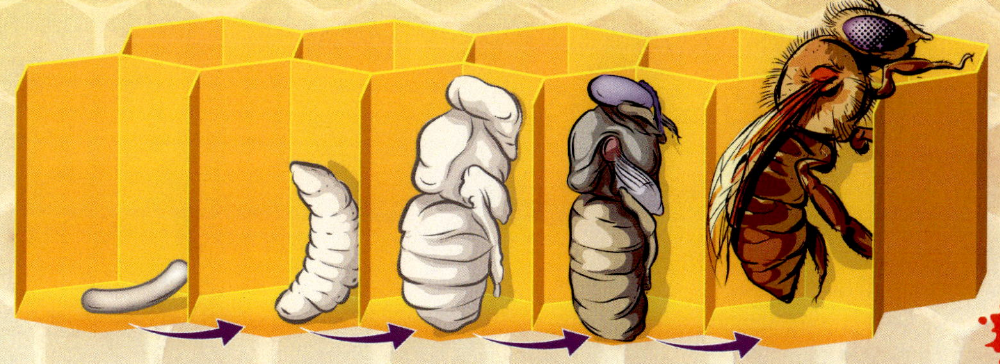

LE MIEL

Les abeilles tueuses sont d'excellentes productrices de miel. Certains apiculteurs les préfèrent. Pourquoi les abeilles fabriquent-elles du miel? Le miel est la nourriture des abeilles. Les abeilles collectent le **nectar** des fleurs. Des enzymes contenues dans leur estomac transforment le nectar et retirent l'eau. Les abeilles emmagasinent le liquide transformé, maintenant du miel, dans les alvéoles du rayon de miel. Le miel emmagasiné par les abeilles les aide à survivre pendant l'hiver. Quand les apiculteurs récoltent le miel, ils laissent suffisamment de miel pour que les abeilles puissent se nourrir.

Le rayon de miel est la structure de cire fabriquée par les abeilles. Il contient le miel et procure une maison sécuritaire aux larves en développement.

DES ARMES MORTELLES

ARME NUMÉRO 1 : LE DARD

Le dard est un tube pointu équipé de barbelés. Les barbelés s'agrippent à la peau et y restent pris. L'abeille ne peut pas retirer son dard, donc elle le laisse derrière avec une poche de venin et d'autres parties de son abdomen. C'est pourquoi l'abeille tueuse ne peut piquer qu'une seule fois, puis elle meurt.

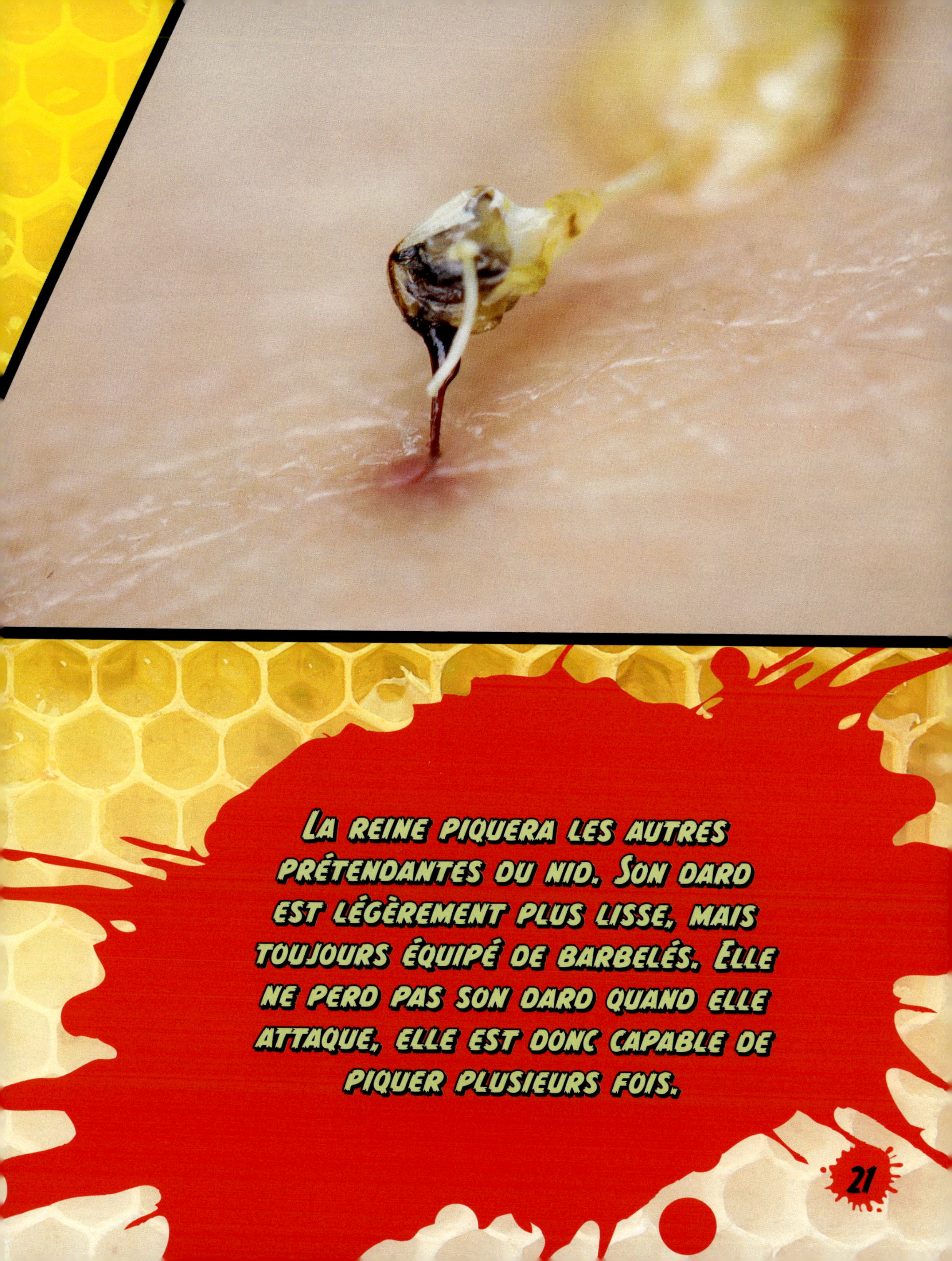

La reine piquera les autres prétendantes du nid. Son dard est légèrement plus lisse, mais toujours équipé de barbelés. Elle ne perd pas son dard quand elle attaque, elle est donc capable de piquer plusieurs fois.

ARME NUMÉRO 2 : LE VENIN

Le venin des abeilles tueuses est un liquide incolore. Les abeilles injectent le venin au moyen de leur dard. Le venin peut causer une douleur intense et même des réactions mortelles chez certaines personnes.

ARME NUMÉRO 3 : LE NOMBRE

Les habiles tueuses sont dangereuses, car elles attaquent en grand nombre.

Les piqûres d'abeilles tueuses sécrètent des produits chimiques particuliers en plus de leur venin. Ces produits chimiques agissent comme un signal qui indique aux autres abeilles de piquer.

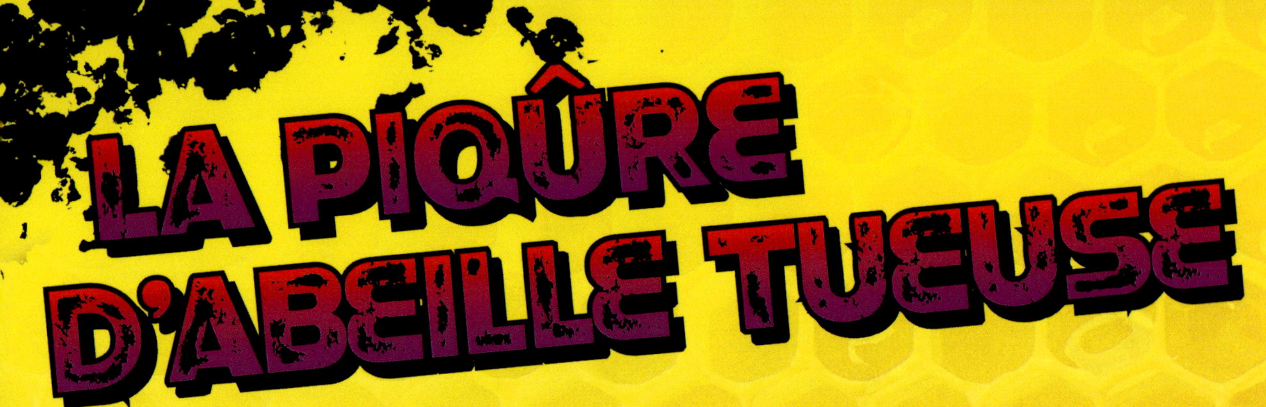

LA PIQÛRE D'ABEILLE TUEUSE

La piqûre d'une abeille tueuse peut causer une douleur à l'endroit de la piqûre, des démangeaisons et de l'enflure. Pour certaines personnes, des réactions allergiques graves peuvent survenir. Les réactions graves peuvent entraîner une difficulté à respirer et des dommages au cœur, au foie ou au cerveau. Certaines personnes peuvent même entrer en état de choc et mourir.

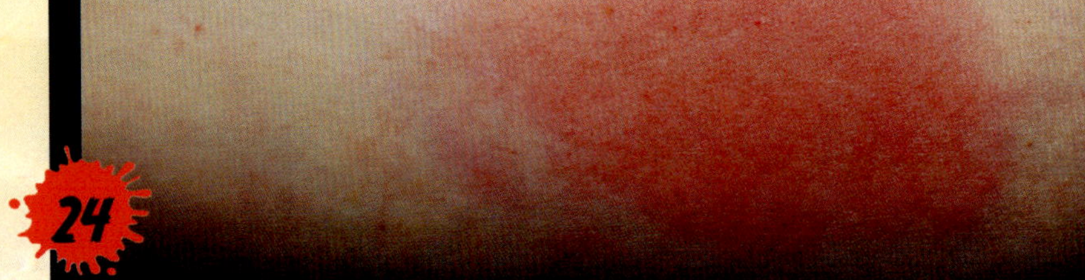

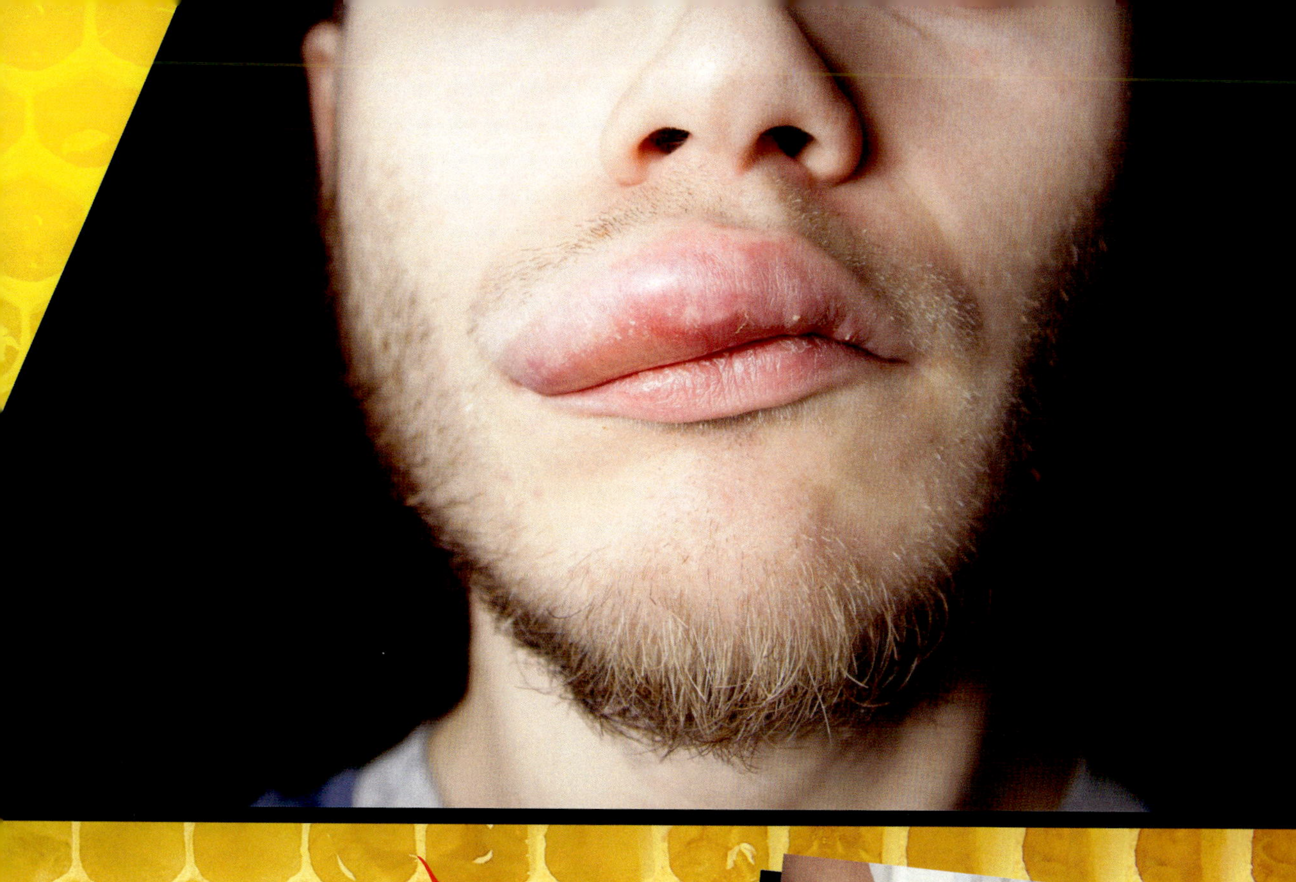

Les gens qui ont des réactions graves aux piqûres d'abeilles ont besoin d'une injection de l'hormone appelée **adrénaline**. Cette hormone peut être transportée dans un stylo auto-injecteur à utiliser en cas d'urgence.

ATTAQUE D'ABEILLES TUEUSES!

Les abeilles tueuses attaquent tout ce qui menace leur colonie. Quand une menace est détectée, les ouvrières se lancent dans une frénésie. Elles attaquent en force et poursuivront leur objectif jusqu'à un quart de

mile (0,4 km) ou plus. Une attaque est survenue au Texas en 2013. Un homme a accidentellement dérangé un nid d'abeilles tueuses en conduisant son tracteur. La colonie est sortie en essaim et a piqué l'homme plus de mille fois. Sa famille et ses voisins ont aussi été piqués en essayant de l'aider. Malheureusement, l'homme est mort à la suite de cette attaque massive.

Les abeilles tueuses tuent d'autres insectes, de petits animaux et même de gros animaux comme des chiens et des chevaux. Les abeilles tueuses ont même tué des centaines ou possiblement des milliers d'humains dans le monde. Quand les abeilles tueuses se sentent menacées, elles attaquent en grand nombre, en submergeant leur victime. C'est pourquoi les abeilles tueuses sont parmi les animaux les plus meurtriers au monde.

Les exterminateurs d'abeilles portent des vêtements de protection pour retirer les nids d'abeilles.

Les nids dangereux doivent être retirés des endroits peuplés.

Glossaire

adrénaline (a-dré-na-linn) : Une hormone sécrétée dans le corps en réponse au stress, qui augmente le rythme cardiaque, la force musculaire et la glycémie

apiphobie (a-pi-fo-bi) : Peur intense des abeilles

apiculteurs (a-pi-kul-teur) : Personnes qui élèvent des abeilles

colonies (ko-lo-ni) : De grands groupes d'abeilles ou d'autres insectes

croiser (kroa-zé) : Méthode de reproduction entre deux types d'animaux et de plantes différents pour obtenir un nouveau type

défensive (dé-fan-ssiv) : Se sentir attaqué et agir en conséquence

espèces (èss-pèss) : Un certain type d'animal ou de plante

essaim (èss-in) : Un important groupe d'insectes qui se déplace

hybride (i-brid) : Croisement de deux espèces différentes

larves (larv) : Insectes qui ressemblent à des vers, dont le stade de développement se situe entre l'œuf et l'adulte

nectar (nek-tar) : Un liquide sucré que les abeilles récoltent dans les fleurs et transforment en miel

régulent (ré-gul) : Contrôlent ou gèrent

venin (ve-nin) : Fluide nocif administré par injection

Index

Sites Web à consulter

www.si.edu/spotlight/buginfo/killbee

https://kids.kiddle.co/Africanized_honeybee

www.pestworldforkids.org/pest-guide/bees/

À PROPOS DE L'AUTRICE

Amy Culliford

Amy Culliford a un baccalauréat en beaux-arts. Elle est professeure d'art dramatique et dirige des programmes parascolaires d'art dramatique. Elle évite les animaux meurtriers en tout genre.

L'autrice souhaite remercier David et Patricia Armentrout pour leur recherche et leur aide dans le cadre de ce projet.

Production : Blue Door Education pour Crabtree Publishing
Autrice : Amy Culliford
Conception : Jennifer Dydyk
Révision : Tracy Nelson Maurer
Correctrice : Crystal Sikkens
Traduction : Annie Evearts
Coordinatrice à l'impression : Katherine Berti

Références photographiques : Photo de la couverture © Felipe Duran/Shutterstock.com, éclaboussure rouge sur la couverture et dans le livre © Andrii Symonenko /Shutterstock.com, (photo de rayon de miel en arrière-plan dans le livre) © Kostiantyn Kravchenko, p. 4 (rayon de miel) © Dionisvera/Shutterstock.com, p. 5 (abeilles) © StudioSmart/Shutterstock.com, p. 6 © Pamela Au,Shutterstock.com p. 7 courtoisie de l'USDA, p. 8 © mikeledray/Shutterstock.com, p. 9 © Jaco Eksteen/Shutterstock.com, p. 11 (haut) © © Ktr101 https://creativecommons.org/licenses/by-sa/4.0/deed.en, (bas) © CatherineLProd/Shutterstock.com, p. 12-13 (abeilles) © Kuttelvaserova Stuchelova/ Shutterstock. com, p. 14 (haut) et p. 15 (bas) © Kuttelvaserova Stuchelova/Shutterstock.com, p. 14 (bas) © Simon_g/Shutterstock.com, p. 15 (bas) © Ruth Swan/Shutterstock.com, p. 16 (les deux photos) © Kuttelvaserova Stuchelova/Shutterstock.com, p. 17 © (œufs d'abeille) © Jay Ondreicka/ Shutterstock.com, (larves) © Kuttelvaserova Stuchelova/Shutterstock.com, (illustration du cycle de vie) © EreborMountain/Shutterstock.com, p. 19 (haut) © New Africa/Shutterstock.com (bas) © Ian Scammell/Shutterstock.com, p. 20 © Katrina Brown/Shutterstock.com, p. 21 © Bachkova Natalia/ Shutterstock.com, p. 23 (grande photo) © Mirko Graul/Shutterstock.com, (petites abeilles) © Katrina Brown/Shutterstock.com, p. 24 © Siegi/Shutterstock.com, p. 25 (haut) © Velimir Zeland/ Shutterstock. com, (fillette avec le stylo auto-injecteur) © Rob Byron/Shutterstock.com, (fiole d'adrénaline) © Editorial credit: Sheriffhay / Shutterstock.com, p. 26 © Pamela Au/Shutterstock.com, p. 27 © DenysHolovatiuk/ Shutterstock.com, p. 28-29 (haut) © Editorial credit: mikeledray / Shutterstock.com, p. 29 (bas) © AlexGD93/Shutterstock.com

---

Crabtree Publishing Company
www.crabtreebooks.com 1-800-387-7650

Publié aux États-Unis
Crabtree Publishing
347 Fifth Avenue
Suite 1402-145
New York, NY, 10016

Publié au Canada
Crabtree Publishing
616 Welland Ave.
St. Catharines, Ontario
L2M 5V6

Imprimé au Canada/082021/CPC

Catalogage avant publication de Bibliothèque et Archives Canada

Available at the Library and Archives Canada